...mpagnie de Jésus

et la Théosophie

Réponse d'une Catholique

Aux « ÉTUDES »

(Articles du R. P. de GRANDMAISON)

PRIX : 1 Franc

PARIS (VIᵉ)

LUCIEN BODIN, ÉDITEUR

5, rue Christine, 5

MCMVI

La
Compagnie de Jésus
et la Théosophie

La Compagnie de Jésus et la Théosophie

Réponse d'une Catholique

Aux « ÉTUDES »

(Articles du R. P. de GRANDMAISON)

PARIS (VIᵉ)

LUCIEN BODIN, ÉDITEUR

5, rue Christine, 5

MCMVI

Réponse au R. P. de Grandmaison

Il y a quelques mois parurent dans la revue des PP. Jésuites (1) deux articles signés Léonce de Grandmaison et intitulés : *Le Lotus bleu* et *Les merveilles de la théosophie* titres insidieusement persifleurs et complètement inexacts, car la théosophie ne s'est jamais appelée « le Lotus bleu » et, modeste en son langage autant qu'en ses allures, n'a promis ni monts ni merveilles à ses silencieux étudiants.

Ceci posé, je me plais à reconnaître que le Père de Grandmaison s'est tenu dans les limites d'une ironie courtoise, et qu'il m'a paru ressembler, par ses minces et élégantes attaques, à ces jolis picadors chargés d'engager la lutte et d'agacer le taureau ; mais insuffisamment armés pour lui porter le coup mortel.

La théosophie n'a pas de colère. Elle possède la patience de l'éternité. Elle sait que tout ce qui est vrai vient à son heure et subsiste, et ce qui ne l'est pas s'évanouit en fumée avec le temps. Insensible aux piqûres du brillant fils de Loyola, elle l'a laissé s'escrimer sans y faire attention, et elle continue à s'occuper

(1) 5 février et 5 mars 1905. *Etudes* revue fondée par des PP. de la Compagnie de Jésus. Victor Retaux Ed. 82, rue Bonaparte.

avec recueillement des sujets très utiles et très élevés qui l'absorbent.

Ce n'est donc pas la plume d'un théosophe qui écrit ces lignes, mais celle d'une catholique française, née au sein de l'Eglise, élevée dans un couvent, instruite par un jésuite et qui éprouve l'irrésistible désir de répondre aux trois questions que se pose le Père de Grandmaison et qui sont la base de son étude :

1º Quelles raisons peut-on avoir d'adhérer à la théosophie ?

2º Que faut-il penser des merveilles opérées par les initiés du Lotus bleu ?

3º Quel jugement doit-on porter sur les théosophes ?

Questions très claires, très précises qu'il a résolues à sa façon et que nous allons résoudre à la nôtre.

I

Il y a deux lignes de raisonnements qui orientent les esprits méditatifs vers la théosophie ou, pour parler français et non pas grec, vers « la sagesse de Dieu » expression qui dégage nettement de la routine et des mesquineries habituelles aux religions, les aspirations et les laborieuses recherches de l'esprit humain qui s'est rendu libre.

L'une de ces lignes part du catholicisme examiné dans son état actuel, l'autre des principes théosophiques eux-mêmes, étudiés parallèlement à ceux du catholicisme.

A l'heure présente la religion romaine est un composé de contre-sens qui effare les intelligences les plus soumises, et une source intarissable de déceptions pour les âmes loyales qui croient en Dieu et sont ardemment éprises de ses sublimes attributs : la vérité, la justice, la miséricorde et la paix, dont elles ne retrouvent plus aucun reflet dans l'Eglise d'ici-bas.

L'unité d'enseignement s'est brisée sous la forte poussée de la critique scientifique moderne. Les prêtres intelligents qui vivent dans les milieux où l'on travaille, où l'on écoute, où l'on pense, ont modifié à peu près du tout au tout le catéchisme de notre enfance, toujours en vigueur dans les paroisses et créant de plus en plus d'embarras aux catéchistes consciencieux, et de causes de scepticisme aux catéchisés raisonneurs. Ces prêtres éclairés parlant à des auditoires d'élite, écrivant pour des intelligences affinées et dirigeant des âmes supérieures estiment sans doute qu'il y a moins d'inconvénient à rompre avec la doctrine qu'à effaroucher le bon sens qui se fortifie chaque jour des apports de la science et de la réflexion.

Mais la grande majorité du clergé n'en est pas là. La foi du charbonnier issue d'une paresse intellectuelle intense, de l'horreur des livres modernes et d'un irréductible orgueil la porte à maintenir dans ses instructions populaires le vieil enseignement qui tombe en ruine, et il est facile de constater par l'indifférence religieuse croissante dans les classes ouvrières et moyennes, que cet enseignement a perdu toute autorité et toute valeur.

Il est fort à craindre que cette grande partie du clergé, insuffisamment éclairée sur les événements politiques actuels, dont elle souffre sans en percevoir les causes cachées, continue pendant assez longtemps encore ce piétinement inutile qui fait le jeu du vieil ennemi séculaire de toute liberté et de tout progrès, celui que Gambetta a improprement appelé le cléricalisme, et qui est le jésuitisme.

Le jésuitisme est autrement vivant et puissant que le cléricalisme, et bien qu'il ait du plomb dans l'aile et que sa vieillesse ne lui laisse plus de longs espoirs, il s'arme pour les derniers combats qui menacent d'être acharnés et sanglants.

C'est dans les sphères politiques et aristocratiques que la lutte furibonde contre le gouvernement et la libre pensée déchaînée par les mains invisibles des jésuites prend l'importance capitale d'un duel à mort.

La Compagnie de Jésus est trop clairvoyante et trop avertie pour s'illusionner sur sa situation. En dépit de ses succès sous le second empire, elle avait vu venir le danger, dès les premières concessions libérales de Napoléon III. La rupture éclatante du Père Hyacinthe, la mise en suspicion de Mgr Dupanloup, la convocation hâtive et intempestive du Concile furent dus à ses inquiétudes et à son travail souterrain. Elle essayait de serrer le frein et s'efforçait d'emprisonner les âmes dans l'obéissance aveugle, mais elle sentait bien que la cause de l'effervescence intellectuelle et religieuse était hors de sa portée, le volcan crépitait sous ses pas. Elle fit belle contenance devant la jeune république (1). Aidée par l'année terrible qui laissa quelque temps les esprits sous le coup d'une émotion trop compréhensible, elle

(1) Voir le livre du P. du Lac.

put espérer que les affaires de Rome passeraient inaperçues, et que l'acceptation du dogme de l'infaillibilité continuerait à ne soulever que de rares et individuelles protestations, nous y songions si peu tandis que le casque prussien pointait encore à l'horizon et que nous comptions nos milliards à l'étranger !

Mais le moment d'arrêt causé par les dramatiques circonstances de 1870 ne devait apporter qu'une impulsion décuplée à l'évolution des intelligences et la fin du xix⁰ siècle put enregistrer à son actif un pas gigantesque de l'humanité vers la lumière et le progrès.

En contre partie, nous vîmes alors des troupes toutes fraîches sortir des collèges et des confessionnaux des jésuites, se ranger en bataille, et nous fournir les beaux jours de l'antisémitisme, de l'affaire Dreyfus, de celle, moins connue, mais fort instructive, de Mme Marie du Sacré Cœur (1), le nationalisme (dont ce pauvre Déroulède se crut naïvement le père) la descente des courses où le président Loubet fut bousculé et injurié par un fils des preux, élève des jésuites, l'affaire des fiches, l'affaire Syveton, enfin la séparation de l'Eglise et de l'Etat, désastreuse pour le petit clergé, mais peut-être — momentanément du moins — libératrice pour les jésuites qui, avec leur habileté coutumière, sauront pêcher dans cette eau trouble le moyen de mettre la main sur les parois-

---

(1) Madame Marie du Sacré Cœur religieuse de N.-Dame, sortit de son couvent après vingt ans de profession, pour réformer l'instruction donnée dans les maisons religieuses et qu'elle jugeait d'une infériorité honteuse. Encouragée par un grand nombre d'évêques, elle fut condamnée en cour de Rome, malgré la bienveillance de Léon XIII par suite de l'influence et des intrigues des jésuites. Elle se soumit et mourut deux ans après.

ses et, en échangeant aux yeux du crédule vulgaire, le nom de jésuite contre celui de simple prêtre, de venir s'immiscer dans les organisations cultuelles (ô bonne et facile république !)

Mais tout cela ne constitue qu'un effort désespéré dont l'issue, plus ou moins proche, est cependant certaine ; c'est leur dernière cartouche que les jésuites vont tirer. Les temps sont révolus, l'esprit public est réfractaire, et la Compagnie de Jésus touche à sa fin.

A côté de ces meneurs de l'ultramontanisme à outrance, nous voyons le clergé séculier hésitant, divisé, comprenant les fautes commises, incapable de les enrayer, se demandant de quel côté lui viendra le secours, tiré à hue et à dia par Rome et par Paris, par les ultra-catholiques et par les néo-catholiques, répercutant, en perspective les lamentables situations de l'évêque de Laval et de l'évêque de Dijon, anathématisant en chaire, tendant la main en particulier, bref complètement désemparé et n'osant envisager l'avenir.

Les congrégations religieuses, furieuses en principe, ravies individuellement — sauf l'exception de quelques victimes innocentes qui paient pour les coupables, telles les contemplatives et les sœurs des campagnes — forment un immense troupeau disséminé à l'aventure, muni d'argent, formé au commerce, dissimulant sous la touchante auréole du martyre des projets plus accapareurs qu'auparavant, servis par la liberté recouvrée.

Voilà le spectacle que présente aujourd'hui la partie dirigeante et persécutée du monde religieux catholique, en proie au *struggle for life* qui lui enlève tout mysticisme et toute paix, je dirai même, toute dignité, et qui devient une menace pour la tranquillité des pays voisins.

Si nous quittons cette région terre à terre des intérêts politiques et matériels pour nous élever à des considérations plus hautes, les froissements de l'âme chrétienne se font plus nombreux encore. Ici, l'abondance des sujets embarrasse. C'est le livre tout entier de Léon Chaine qu'il faudrait citer (1), livre pétri de vérités prises sur le vif, de rappels à la justice, d'observations pleines de regrets et de prières à ce parti catholique qui est le sien, et qu'il adjure d'ouvrir les yeux et de se réformer. Livre qui fut comme un soulagement pour la conscience des vrais croyants et qui obtint dans le camp des indépendants et des incrédules un succès inattendu d'honnêteté et d'intelligence — deux qualités devenues hélas introuvables chez les cléricaux — mais l'auteur ne recueillit chez ceux-ci que le silence ou le dédain, et ce catholique « sage et solitaire » comme l'appela spirituellement Anatole France, resta sage, et surtout solitaire, sans susciter, jusqu'à présent, d'imitateurs parmi ceux qui pensent comme lui, atrophiés que sont les meilleurs catholiques par l'habitude du silence, et la peur du parti jésuite.

Dans le domaine intime de l'âme, c'est le remarquable conférencier de Sainte-Clotilde, l'abbé Mugnier, qui dénonce à son aristocratique auditoire féminin les causes qui font perdre la foi aux jeunes gens et les difficultés de la foi elle-même vue du côté catholique.

« La foi, dit-il, est une croyance qui échappe au

(1) *Les catholiques français et leurs difficultés actuelles,* par M. Léon Chaine. Stork. Paris.

« raisonnement. Nous ne *croyons* pas que deux et deux
« font quatre, nous le *savons*, nous ne *croyons* pas que
« Napoléon Ier est né en Corse, nous le *savons*. Mais
« Dieu existe-t-il? nous le *croyons*, nous ne le *savons*
« *pas* par le témoignage de nos sens. Il faut la foi pour
« croire en Dieu et cette foi est une grâce, et cette grâce
« est le grand X, car elle est arbitraire, tout le monde
« ne la reçoit pas; pourquoi? Mystère!... La foi ne
« vient pas de la raison, elle vient du cœur, la preuve
« c'est que les femmes sont plus croyantes que les
« hommes parce que les premières suivent l'impul-
« sion de leur cœur et les seconds l'impulsion de leur
« raison. . . . .

« N'imaginez pas que ce soit la crise des sens qui,
« dans la jeunesse de vos fils leur fasse perdre la foi.
« Non, la vie voluptueuse éloigne de la pratique, altère
« la vision spirituelle, mais elle n'atteint pas ce fond de
« l'âme où réside la foi. Au contraire, la lassitude, le
« dégoût intime qu'elle apporte inévitablement à une
« heure ou à une autre, provoquent des éclairs de foi,
« des besoins de croire, qu'on ne rencontre pas chez les
« raisonnables. La foi se perd par l'*étude*, par les *recher-*
« *ches*, par les *déceptions religieuses*. Je songe en ce
« moment à trois grands penseurs : Jouffroy, Lamen-
« nais, Renan et à trois femmes qui les valent : George
« Sand, Daniel Stern, Mme Ackerman, tous sont allés au
« doute de la même façon. Jamais un livre d'apolo-
« gétique n'a rendu la foi à personne, encore moins un
« livre de théologie. Les âmes qui peuvent supporter les
« déceptions religieuses sont très rares » (1).

(1) Conférences aux femmes de France. Chapelle des catéchismes de

Enfin, je veux clore cette courte enquête sur l'état du catholicisme par une page magistrale d'Ed. Schuré qui atteint l'Eglise elle-même et indique le seul moyen qu'on puisse tenter pour la sauver malgré elle : « Sup-
« primer l'Eglise si cela était possible, serait la plus
« néfaste des œuvres. Des insensés ou des ignorants
« peuvent seuls la rêver. Mais, avouons-le, l'Eglise
« ossifiée, enténébrée, endurcie n'est plus aujourd'hui
« qu'un gouvernement politique sans foi créatrice, sans
« vie rayonnante. Elle domine encore les âmes timo-
« rées, elle ne règne plus sur les esprits libres. Elle ne
« gouverne maintenant que les consciences qui ne
« savent plus réfléchir et les volontés qui ne savent
« plus vouloir. D'où vient qu'elle n'en conserve pas
« moins un prestige qui s'impose à tous ? C'est que par
« sa tradition elle est en possession des symboles de la
« plus antique sagesse. Ajoutons que cette tradition et
« ces symboles interprétés et appliqués dans un sens
« nouveau et vraiment universel l'amènerait à une
« rénovation radicale et complète de son esprit, de son
« dogme et de son organisation. Or, jamais elle ne s'y
« décidera par elle-même. Son pouvoir lui suffit. Elle
« baptise, elle marie, elle enterre, elle fait de la poli-
« tique. Que lui faut-il de plus ? Tant qu'un mouvement
« spiritualiste indépendant et d'une portée transcen-
« dante ne traversera pas le monde laïque, l'Eglise
« n'abandonnera ni un iota de son dogme, ni un article
« de son pouvoir. — Mais supposons que l'élite du
« monde laïque, et à sa tête l'Université, qui est le cer-

Sainte-Clotilde, année 1903 (Analyse personnelle, non soumise au conférencier).

« veau pensant du monde actuel, tienne le langage sui-
« vant : « Infidèle à sa mission, l'Eglise n'a pas su
« adapter les vérités du monde intérieur et du monde
« divin aux besoins de l'humanité moderne. Vous tous,
« chefs et dignitaires de l'Eglise vous manquez à ce
« devoir malgré les vertus admirables et les aspira-
« tions généreuses d'un grand nombre de prêtres pen-
« sants, et la foi fervente de ces milliers d'âmes simples
« qui attendent de vous le pain de vie. Eh bien ! ces
« vérités nous les appliquerons à la science, à l'art et à
« l'organisation sociale et nous vous prouverons ainsi
« par notre foi laïque que nous pouvons nous passer de
« vous ». Le jour où un groupe autorisé et influent par-
« lera ainsi et agira en conséquence, l'Eglise épouvantée
« et menacée dans son pouvoir spirituel sera forcée de
« se transformer de fond en comble. Mais jusque-là,
« elle sourira, elle dédaignera et elle gouvernera des
« âmes inertes avec des dogmes desséchés » (1).

C'est ce que la théosophie a compris, ce qu'elle désire
réaliser, et ce qui fait jeter le premier cri d'alarme au
Père de Grandmaison, gardien vigilant de l'autorité
pontificale aussi menacée, aussi malade que l'autocratie
du tsar de toutes les Russies et qui vont toutes deux
s'effondrer à peu d'intervalle l'une de l'autre.

*
* *

Examinons maintenant les principes théosophiques et
voyons en quoi ils doivent tenter les âmes meurtries
par les chaînes de l'Eglise.

(1) *Les sanctuaires d'Orient,* Ed. Schuré.

On peut dire que la théosophie est basée sur ce mot évangélique : « Cherchez et vous trouverez ». Elle nous fait entrer dans un champ de savoir sans limite. A l'horizon nul poteau aux indications irritantes : « passage interdit », « terrain réservé », « Index », etc. On va où l'on veut, on examine ce qui intéresse, on poursuit sa course aussi loin que la force intellectuelle humaine le permet. La théosophie répond à toutes les questions, ou lorsqu'elle y est impuissante s'unit au chercheur pour trouver la solution qui lui importe. Elle ne craint pas que ce que l'on découvrira nuise à ce qu'elle a trouvé, elle est empressée à se former et à se réformer sur toutes les données précises de la science, aucun intérêt d'organisation personnelle ne l'arrête, elle met la liberté la plus entière à la poursuite de la vérité et la saisit sur tous les terrains où elle la rencontre. Elle ne connaît pas d'ennemis, ni de rivaux ; ce qu'elle a, elle le donne à n'importe qui, et n'exige point qu'on lui en sache gré ou qu'on porte son estampille. Elle dit : « Les chemins sont nombreux qui mènent à la perfection, le but est un ».

A la créature que le malheur révolte, elle apprend qu'il n'y a point de malheur, que Dieu n'a pas créé le mal, qu'il n'y a que des leçons dont il faut savoir profiter pour s'élever au-dessus des aperçus humains. Elle explique le processus divin dans l'homme et on peut le comprendre comme un théorème de géométrie, sans acte de foi aveugle, en se servant simplement du raisonnement. L'intelligence se sent d'aplomb, satisfaite, ouverte à de nouveaux développements qu'elle trouve d'elle-même ; tout s'éclaire, tout s'explique, la sécurité renait, les angoisses du doute ont disparu. C'est la liberté après l'internement dans une sombre prison.

. Et la théosophie nous offre si évidemment la vérité (dans la mesure où l'homme peut la concevoir) qu'après quelque temps de travail et d'efforts nécessaires pour se débarrasser des habitudes et des croyances obscures invétérées en nous par l'éducation religieuse, la lumière devient si pure, la vision intellectuelle si nette, que l'on se demande comment on a jamais pu voir autrement, c'est l'évidence qui ne se démontre plus, parce qu'elle saisit.

Ce n'est point que tout problème soit résolu, tant s'en faut, aux yeux de l'étudiant, mais en travaillant avec persistance chaque jour, il apprend qu'il ne sait rien, ce qui est déjà une base solide, puisqu'elle le délivre de la crédulité absurde ; il acquiert l'humilité résultant de cette première certitude, et cette humilité est objective plutôt que subjective, elle se juge par la relativité et prend la place que lui attribue la justice.

La théosophie apprend qu'il existe, par delà notre infime intelligence, des infinis de causes et d'effets qui engendrent des phénomènes que nous ne comprenons pas d'abord, et qui se révèlent à leur heure.

Je voudrais donner ici un court exposé de son système pour répondre aux bénévoles critiques du Père de Grandmaison, mais la dimension de cette brochure ne m'en laisse pas la possibilité. On reproche à la théosophie d'être très compliquée, elle l'est en effet parce que chez elle tout se tient, et qu'un détail découle logiquement d'un autre, ce qui fait qu'on n'en peut supprimer aucun ; c'est un rouage qu'arrête la suppression d'une pièce. Que le Père de Grandmaison nous dise si le cathéchisme, orgueil de sa foi et supplice de l'enfance, est simple pour l'intelligence des petits, et même pour celle des grands ?

Si la théosophie n'est pas simple dans son exposé — pas plus que la nature — elle est du moins très claire dans ses explications, et c'est, d'un bout à l'autre, une exquise joie pour l'intelligence que de la suivre.

J'en donnerai seulement quelques exemples sans liaison entre eux.

Le Père de Grandmaison ne croit-il pas qu'on obtiendrait un sentiment de légitime frayeur bien plus complet et bien plus tenace que celui inspiré autrefois par les prédications sur l'enfer (je dis autrefois, parce que je constate que, soit à cause d'ordres secrets, soit par l'instinct de l'incroyance générale, les prédicateurs ne traitent plus ce sujet, réservé presque exclusivement aux cathéchismes et aux retraites de première communion), si au lieu du classique feu de soufre présenté, non comme symbole, mais comme réalité, on expliquait que l'être intelligent qui s'est par sa volonté « tissé une âme de péché » selon l'expression de Platon, « retombe après la mort dans les régions ténébreuses de la matière », régions épaisses, gluantes, noires, douloureuses, que nul rayon heureux ne traverse, désirs bas, honteux, dégradants, qui rongent leurs victimes sans qu'elles puissent jamais les satisfaire ?

Mais la théosophie n'admet pas l'éternité de cet état, elle ne peut croire que le souffle primitif de Dieu qui a émis l'âme du damné soit retranché de l'évolution, loi primordiale et inéluctable des êtres ; et, du fond de l'abîme de la matière, l'âme remontera lentement, mais sûrement, à travers des luttes et des efforts inouïs et instinctifs, à ce plan terrestre qui en notre étape actuelle, c'est-à-dire le plan de conflit entre la matière et l'esprit, le plan stationnaire où se livre le combat qui, heureusement soutenu, dégage l'esprit de la substance et l'engage dans la voie de remontée qui aboutit à Dieu. Ce n'est pas Dieu qui punit, c'est l'homme qui se punit lui-même par le rapport de la cause à l'effet. Le mal ne peut pas engendrer le bien. C'est toujours l'inéluctable loi qui agit. Cette loi d'une compréhension si facile, qui représente la justice de Dieu éternelle et inflexible, est autrement satisfaisante que la théorie de la grâce refusée aux uns, accordée aux autres sans plus d'explication que la capricieuse volonté de Dieu.

Elle explique lumineusement la loi des renaissances et ici je cite une page frappante d'une de mes sœurs en théosophie :

« Si vous considérez à un point de vue moral cette
« conception des vies successives de l'âme, vous la trou-
« verez infiniment plus rationnelle et plus juste que
« n'importe quelle théorie orthodoxe ou philosophique.
« Dans sa grandeur consolante, dans sa justice parfaite
« comme elle laisse loin derrière elle l'affreuse doctrine
« de la prédestination qui fait un bourreau du Dieu
« d'amour ! Quoi ! Dieu créerait les âmes pour le vice
« autant que pour la vertu ! Il créerait une âme pure
« et vertueuse de tendances, il la placerait dans un
« milieu sain et la conduirait paternellement au paradis
« après l'avoir fait cheminer par une route facile et
« unie ? Cette autre âme Il la créerait douée d'instincts

« mauvais, vicieux ; Il la placerait dans un entourage
« malsain, en contact avec des vices abjects ce qui con-
« duirait fatalement cette âme au crime ? Mais..., le
« criminel ne serait-il pas Dieu lui-même dans ces con-
« ditions ? Qui peut encore admettre une doctrine aussi
« effroyablement injuste, monstrueuse ? Doctrine qui
« fait dire à tant d'indignés : « Si c'est là votre Dieu, je
« n'en veux point. Je préfère un ciel désert au ciel où
« règne un bourreau » (1).

Elle est la base du Karma, mot sanscrit qui signifie
action et qui joue un grand rôle dans le système
théosophique. Le karma d'un homme est son compte
courant au grand livre de la dette humaine. Toute
action amenant sa conséquence aussi certainement,
qu'une balle envoyée par une arme à feu suit sa trajectoire, il en résulte que la mauvaise action produit
un mal qu'il faut subir à un moment ou à un autre
d'une façon plus ou moins rapide selon les circonstances
qui auront pu allonger, raccourcir ou faire dévier cette
trajectoire. Telle action dont le résultat karmique ne
s'est pas produit pendant la période terrestre actuelle
de son auteur, viendra frapper celui-ci à une prochaine
réincarnation, lui apportant un malheur (2) dont il ne
comprendra pas l'origine, parce que la matière céré-
brale de son nouveau corps physique n'ayant pas vibré
sous cette action, n'en a pas enregistré le souvenir, et ne

(1) *A ceux qui souffrent*, par Aimée Blech.
(2) Ou un bonheur car il va sans dire que le bien produit son résultat
comme le mal, l'étude comme l'ignorance, le travail comme la paresse.
Ainsi s'expliquent ces « dons naturels » dans les arts et dans les sciences
qui déroutent les psychologues et les croyants à l'hérédité intellectuelle.

peut, par conséquent, le présenter à la mémoire du réincarné ; mais ce n'est qu'une interruption de conscience transitoire, l'âme définitivement libérée de ses réincarnations terrestres, reprend le souvenir de ses actes et voit leurs conséquences, comme au réveil nous reprenons le fil rompu, un instant, de nos pensées et de nos actions précédentes.

« La cause fondamentale de la réincarnation, dit
« Annie Besant, comme de toute manifestation est le
« désir d'une vie active, la soif d'une existence cons-
« ciente. Une certaine essence fondamentale de la
« nature, évidente par ses activités, mais incompréhen-
« sible quant à son origine et à sa cause, se manifeste
« comme « Loi de périodicité ». Des faits d'alternance,
« tels que ceux du jour et de la nuit, de la vie et de la
« mort, du sommeil et de la veille, sont si communs,
« si parfaitement universels et si généreux qu'il est
« aisé de comprendre que nous y voyons une loi abso-
« lument fondamentale de l'Univers. — Partout, à
« chaque pas se manifeste le flux et le reflux qui est la
« systole et la diastole du cœur kosmique. Mais la
« raison de tout cela nous échappe, nous ne pouvons
« pas dire pourquoi les choses doivent être ainsi, nous
« pouvons seulement constater qu'elles sont ainsi. Et
« dans la philosophie ésotérique on reconnaît que cette
« loi s'étend jusqu'à l'émanation et à la réabsorption
« des univers, à la nuit et au jour de Brahma, l'expir et
« l'inspir de la grande vie.

Aux adversaires de la réincarnation, je dirai, expli-
quez-moi, d'après le système de l'Eglise, le commence-
ment de l'âme, et où Dieu en a pris l'essence puisque,

selon ce système, elle ne sort pas de Lui, mais qu'il la crée à son image. Et comment cette création ininterrompue se case-t-elle dans l'Univers, sans, à un moment donné, le déborder ? L'idée d'âmes immortelles qu'une puissance invisible jette par millions dans le monde à chaque minute du jour et de la nuit, déroute l'intelligence ; c'est le contenant limité pour un contenu sans limite, c'est le coquillage destiné à recevoir l'Océan. N'est-il pas plus rationnel de concevoir le grand souffle de Celui qui « *Est* » éloignant de lui et ramenant à lui par un rythme respiratoire toujours égal les monades (1) qui sont la propre essence de son être ? et de répéter le principe théorique, rien ne se perd, rien ne meurt, tout se transforme. »

On dit que la théosophie est panthéiste, c'est certain ; mais son panthéisme est logiquement d'accord avec ce principe catholique que Dieu est partout « au ciel, sur la terre et en tous lieux » comme le dit le catéchisme, qui revient à affirmer que toutes ces choses sont en lui.

Nul ne peut expliquer, ni même soupçonner, les causes de la manifestation de l'Etre inconnaissable qui est Dieu ; mais cette manifestation, dont nous sommes issus, la théosophie l'admet aussi bien que l'Eglise.

Or, du moment où Dieu se manifeste, il devient double et dès qu'il est double, il crée, parce que l'instinct de la vie est de se reproduire.

____

(1) « Donnez-moi une cellule animée, disait je ne sais plus quel savant, et je reconstruirai l'Univers. »

C'est la Trinité, base de toute religion, intelligence, force et amour ou, pour être plus précis, descente de l'esprit dans la substance, produisant l'acte (ou l'amour), et dont le nombre trois est l'unité génératrice.

Je le répète, je ne puis entreprendre ici l'exposition des idées théosophiques, je renvoie ceux de mes lecteurs qui désireraient s'y intéresser aux livres qui les concernent, ou au siège de la société qui fonctionne à Paris (1), mon seul but est de relever les inexactitudes du Père de Grandmaison et de lui dire pourquoi j'abandonne, sinon le catholicisme primitif du moins le jésuitisme (qui hélas est devenu l'Eglise actuelle) pour suivre la lumineuse, la forte, la généreuse, la libre théosophie.

Une contradiction plaisante dans les deux articles des *Etudes*, jaillit des concessions presque gracieuses que l'auteur daigne faire aux principes théosophiques, voire même aux personnes qui les synthétisent, et des anathèmes terribles dont, tout-à-coup, sans qu'on sache pourquoi, il couvre les plus innocentes manifestations de ces principes, ou de ces personnes.

Qui n'a lu — car il en est, en quelques mois, à sa 35ᵉ édition — le charmant et mélancolique récit autobiographique qui s'intitule *Sur la branche* — et où tout se passe, ainsi que nous le dit le Père de Grandmaison, dans le plus pur esprit d'Annie Besant, sans que le nom de théosophie soit jamais prononcé ? J'ai connu bon nombre de catholiques — et des meilleurs — ravis

(1) Tous les ouvrages de Mme Annie Besant, du docteur Pascal, de M. Sinnett, etc. En vente, au siège de la Société Théosophique, 59, avenue de la Bourdonnais, ouvert tous les jours de 3 à 6 ; et à la librairie Bodin, 5, rue Christine, Paris (6ᵉ).

de la profonde et large pensée qui anime ces pages vécues et caresse avec une douceur infinie les blessures que chacun de nous porte au cœur. Il y a surtout, au déclin de la vie de l'héroïne, à l'avant dernière page du livre, un paragraphe émouvant sur le viatique. Je le rétablis ici dans son intégrité, singulièrement altérée par la citation des *Etudes*, peut-être — que le Père de Grandmaison me pardonne ce jugement téméraire — parce qu'il y est question d'un religieux que les Jésuites n'aimèrent jamais à nommer.

« Le sermon, prêché par un dominicain, fut sur
« l'Eucharistie. La voix mâle et vibrante du moine
« captiva mon oreille. Ses paroles m'empoignèrent.
« Inconsciemment, peut-être, ou par une merveilleuse
« intuition, il exposa le dogme d'une façon plus scienti-
« fique que théologique. Il déclara que la communion
« était une loi de la nature. Après nous avoir démontré
« que nous communions dans l'amour, dans l'amitié,
« avec la lumière, avec toutes les forces de l'existence
« il fit logiquement ressortir la possibilité, la nécessité
« de communier avec Dieu source éternelle de la vie.
« Je demeurai saisie : Oui, pourquoi pas ? Murmurai-je
« à demi-voix. Ma sereine incrédulité était ébranlée
« pour la première fois. Quatre cents ans auparavant
« un semblable sermon eût conduit le dominicain au
« bûcher. Je regardai attentivement sa figure afin de
« ne pas l'oublier. C'était un beau masque humain,
« énergique, intelligent, rayonnant de foi. En sortant,
« j'allai à la sacristie demander le nom du prédicateur.
« On me répondit « Le Père Didon » (1). L'explication

(1) M. de Grandmaison supprime dans sa citation la phrase relative au Père Didon.

« de ce mystère de l'Eucharistie qui, jusqu'alors ne
« m'avait pas paru digne d'une discussion sérieuse, est
« demeurée dans mon esprit. A mesure que la science
« m'a mieux appris à regarder la nature je suis allée
« répétant : Pourquoi pas? Mais des milliers de créa-
« tures humaines qui s'approchent de la table mystique,
« combien peu doivent communier réellement ! Il me
« semble qu'il faut être capable d'une aspiration pro-
« fonde vers l'idéal divin, qu'il faut avoir un état d'âme
« spécial. J'ai cru y être arrivée. Voilà pourquoi j'ai
« voulu voir le prêtre. Il est venu. Nous avons causé,
« non sans difficulté. Il m'a examinée d'un regard
« scrutateur, puis il en a usé avec moi un peu comme
« avec les hommes qui vont chercher un billet de
« confession la veille du mariage. Dans son absolution
« il a mis une emphase qui ne m'a pas échappé. Ma foi
« en Dieu, à l'immortalité, l'a rassuré pourtant. Il m'a
« apporté ce qu'il appelle « Le pain de vie » ; quel
« beau nom à l'oreille d'une mourante ! Et ce pain m'a
« donné une joie aux ondes profondes, une paix qui a
« fait en moi un silence étrange. En vérité, je crois
« que j'ai communié » (1).

. . . .

A la citation, incomplète, de cette belle page, le Père
de Grandmaison ajoute cette note inattendue. « On m'as-
sure qu'il y a des gens assez malheureux pour trouver
une *saveur chrétienne* au livre qui contient ces odieux
blasphèmes ».

Nous voilà classés, car il n'y a pas à le nier, ces

(1) *Sur la branche,* par Pierre de Coulevain.

« odieux blasphèmes » ont eu pour nous, « une saveur » délicieuse et chrétienne.

Plus loin, il s'agit de l'un des derniers livres de Mme Besant : *Le christianisme ésotérique*. Elle étudie le Christ sous un triple aspect : le Christ mythique, le Christ historique et le Christ mystique formant une même personne. Aucun point ne diffère des données évangéliques sinon que Mme Besant entre dans des détails qui ne sont pas consignés dans les évangiles mais qui n'infirment en rien le récit des apôtres. Par exemple, que de douze à dix-neuf ans Jésus fut confié à une communauté Essénienne du sud de la Judée qu'il voyagea ensuite et devint un initié de la Grande loge blanche Egyptienne, etc.

Véhémente indignation du Père de Grandmaison qui déclare ces détails « apocryphes, blasphémateurs, *répugnants* » et faisant litière « de l'histoire, du bon sens et du *goût* le plus élémentaire ». Qu'entend-il par « le goût le plus élémentaire » en fait de documents historiques ? c'est assez difficile à saisir, quoique je le soupçonne, en commensal habitué du faubourg Saint-Germain, de trouver que la néo-théosophie manque d'ancêtres ; il oublie qu'elle peut se réclamer de Pythagore, de Platon et de quelques autres grands maîtres qui ne sont pas nés d'hier, sans parler de saint Paul, le plus convaincu et le plus convaincant des théosophes (1).

Le Père de Grandmaison a aussi de beaux dédains, qui font sourire quand on se reporte à l'ignorance hon-

---

(1) Il faut lire, et surtout *comprendre*, ses épîtres aux Corinthiens. C'est de la pure théosophie.

teuse du clergé en général, excusable pourtant puisque l'Index lui interdit la lecture de la plupart des livres modernes qui pourraient l'instruire. Il accuse la théosophie de puiser à toutes les sources d'hérésies desséchées, croit-il, par le *veto* suprême des Conciles, il appelle ces doctrines « du vieux neuf » et se moque des conceptions transformistes de Mme Besant en homme qui tient pour certain que le monde a été créé en six jours et doit avoir, au maximum, six mille ans d'âge. Le catéchisme est là pour le dire et les Jésuites pour l'affirmer.

En lisant le gai persiflage des *Etudes* l'idée m'est venue de rouvrir le grand ouvrage de Sinnett *Le développement de l'âme* et je me suis arrêtée sur ce paragraphe du chapitre traitant le système planétaire auquel nous appartenons : « Les grandes périodes que « nous chiffrons par millions d'années confondent abso- « lument l'esprit ; nous savons pourtant que la durée « d'une grande race-mère doit se chiffrer par millions « et que la plus courte des périodes du monde, en rap- « port avec le grand cours d'évolution planétaire, « représente ainsi plusieurs millions d'années. Je n'exa- « gère pas, en disant que si nous comparons le Man- « vantara (1) entier à la durée habituelle de la vie d'un « homme, c'est-à-dire d'environ soixante-dix ans, la « proportion de cette vie au Manvantara entier sera « d'une seconde à soixante-dix années. Des exemples « analogues peuvent nous donner une idée de la lon- « gueur du trajet évolutif déjà parcouru et nous faire

(1) Manvantara — durée d'un monde, cycle racial, période de manifestation succédant à un pralaya ou période de repos.

« comprendre combien lentement l'âme évolue lors-
« qu'elle est abandonnée à la seule influence de ce que
« nous pouvons nommer le courant évolutif. En regar-
« dant, dans le passé, les progrès accomplis par l'âme
« qui n'a pas encore dépassé les conditions ordinaires
« — comme le peuvent faire ceux dont les facultés
« commencent déjà à fonctionner sur les niveaux déva-
« kaniques — il est presque effrayant d'observer la
« lenteur de cette évolution. Chaque vie physique
« apporte un contingent si faible à l'individualité per-
« manente ! Remontez, si vous le pouvez, d'une dou-
« zaine de vies en arrière, vous trouverez une diffé-
« rence si faible entre l'individualité spirituelle d'alors
« et l'individualité correspondante d'aujourd'hui que
« vous seriez tenté de croire que le temps, les luttes
« et les efforts de toutes ces existences ont été perdus
« et gaspillés. Il n'en est rien cependant ». Je reviens
aux critiques du Père de Grandmaison. Il reproche
encore à Mme Blavatsky de s'appuyer (une fois par
hasard) sur l'opinion d'un certain métaphysicien français nommé Cahagnet qui excite son hilarité. J'avoue que
ce Cahagnet m'est également inconnu, mais qu'est-ce que
cela prouve, sinon que nous ignorons beaucoup de choses
et la valeur de beaucoup de gens ? Il est probable que
si, il y a dix ou quinze ans, on avait cité au Père les opi-
nions scientifiques de M. et Mme Curie, il eut haussé les
épaules et s'en fut tenu à mettre en doute les qualités du
pot au feu de la vaillante travailleuse, ignorée hier,
illustre aujourd'hui.

Les arguments du jésuite sont en général de cette

force; pour lui comme pour les siens, l'avenir n'est rien s'il ne continue les errements du passé.

On ne peut se défendre d'observer avec curiosité ce bizarre état d'âme de la puissante Compagnie de Jésus. Remarquable à bien des titres, elle l'est surtout par la qualité spéciale de son intelligence faite de finesse et d'erreurs, de force morale et de préjugés enfantins, d'étroitesse d'esprit et de largeur incommensurable de conscience. Croit-elle vraiment ce qu'elle enseigne aux autres? Aime-t-elle cette Eglise du Christ qu'elle a saisie comme une proie et qu'elle fait marcher devant elle dans son étroit sentier, depuis quatre cents ans, comme une prisonnière effrayée qui n'ose tenter aucune évasion bien que des mains amies se tendent de tous côtés pour briser ses chaînes? Ne se rend-elle pas compte, cette société d'hommes instruits, graves, peu soucieux de leur individualité, et admirablement dévoués à l'idée commune, qu'elle est en conflit irréductible avec le temps présent, que l'intelligence sociale l'a dépassée, que son passé la condamne sans retour et que, capable encore de provoquer une agitation momentanée et de créer des embûches sérieuses, elle est absolument impuissante à ramener sous sa domination la foule de penseurs et de travailleurs qui s'y est soustraite? Ne voit-elle pas qu'elle étouffe l'Eglise sous son étreinte et que celle-ci en va mourir?

Ou bien le voit-elle, et dans un monstrueux et égoïste orgueil, se dit-elle « nous périrons ensemble » ?

Elle a voulu le maintien du pouvoir temporel des papes, elle a voulu la déclaration de leur infaillibilité spirituelle, elle a décrété l'exil, la persécution et l'excommunication des Lamennais, des Hyacinthe, des Renan, presque des Lacordaire, des Didon, des Loisy de tous ceux enfin qui ont osé penser par eux-mêmes, chercher la vérité et réclamer la liberté. Quel succès final remporte-t-elle ? L'Italie regrette-t-elle le gouvernement pontifical ? Les âmes ont-elles trouvé la lumière et la vérité dans l'infaillibilité du chef de l'Eglise ? Les victimes des foudres du Vatican s'en portent-elles plus mal devant leur conscience et devant l'estime publique ?

O stérilité du despotisme incapable de donner une vie propre à aucune de ses créations! quand il est frappé à mort, tout ce qui était sorti de lui meurt après lui.

Cette loi est saisissante quand on considère la vitalité de l'Evangile à côté de celle de l'Eglise. Le Christ rayonne de l'immortelle jeunesse de la vérité pure, sans alliage d'égoïsme. L'Eglise caduque, succombe sous le poids des ambitions terrestres déçues.

Et pourtant nous aimons l'Eglise, mais son état nous oblige à l'aimer comme on aime une vieille nourrice qui a bercé et charmé notre enfance avec des contes bleus auxquels nous ne croyons plus, parce que l'expérience nous a démontré qu'ils n'étaient pas sérieux. Notre tendresse reconnaissante ne peut prévaloir sur la liberté et la dignité de notre intelligence et de notre conscience et nous maintenir à l'âge d'enfant pour lui être agréable. Il est toujours très douloureux aux mères de voir leurs fils grandir et leur échapper, mais c'est la loi. Elles ne gardent leur prestige que quand elles savent marcher du même pas qu'eux dans l'évolution intellectuelle.

En résumé, que cherchons-nous ici-bas ?

La signature de Dieu dans la création.

Le sens de la vie présente.

La certitude de la vie future.

C'est à quoi répond la théosophie, et c'est pourquoi de catholique troublée, scandalisée et jugulée que je fus dans ma jeunesse je suis devenue depuis bien des années déjà, théosophe satisfaite et profondément heureuse, au milieu des épreuves des difficultés de la vie.

II

La seconde question du Père de Grandmaison est relative à l'occultisme.

« C'est par l'attrait de l'occultisme, écrit-il, que la théosophie fait des adeptes ».

Alors, elle ne devrait pas les conserver longtemps, car la première chose défendue, quand on entre dans la société théosophique, c'est d'y faire du spiritisme ; je dirai même que c'est la seule exclusion que je lui connaisse. Et ce n'est point qu'elle nie la vérité des phénomènes spirites, ni qu'elle repousse les croyances de ses initiés ; mais elle affirme, tout comme l'Eglise catholique, que les rapports avec les esprits sont sans contrôle possible, par conséquent sujets à l'erreur, dangereux par l'inconnu qui les enveloppe, plus dangereux peut-être encore par l'effet nerveux qu'ils produisent sur les tempéraments faibles et sensibles qui vibrent désordonnément au contact de ces forces dématérialisées, et perdent souvent la direction de leur propre intelligence.

Elle dit aussi — et tous ceux qui ont étudié le spiritisme sont de cet avis — que les phénomènes obtenus sont sans importance sérieuse et attardent les âmes sur le chemin de l'au delà sans résultats pratiques pour elles, et encore moins pour les morts qu'elles retiennent dans des régions proches et douloureuses, au lieu de les aider à se détacher de plus en plus de la terre et à monter plus vite vers l'infinie perfection.

Donc, aucun membre de la Société théosophique, si avancé qu'il soit dans les sciences occultes, ne consentira jamais à évoquer les morts et à les mettre en relation avec les vivants. Ni ne se prêtera aux expériences — d'ailleurs intéressantes — de l'hypnotisme, de la suggestion, de la catalepsie et autres phénomènes d'ordre médical dont elle prend acte, qui confirment ses propres théories scientifiques, mais qu'elle ne considère que comme une branche insignifiante de l'arbre gigantesque dont la cime se perd dans l'infini et dont elle a entrepris l'ascension.

Mais ce qui l'intéresse essentiellement, ce qu'elle propose comme précieuse conquête à ses étudiants, ce sont les lois cachées de la nature, les forces métaphysiques dont nous sommes les inconscients jouets, et aussi les participants, et dont la connaissance rendrait la vie et la mort des hommes plus calmes, plus harmonieuses, et plus fécondes.

Il est certain que si on considérait la mort — cet incident journalier de la vie — dépouillé du cérémonial lugubre dont le clergé l'entoure (je dis à dessein le clergé, car les prières prescrites par l'Eglise parlent au contraire de résurrection et de vie) et des préjugés séculaires qui nous ont fait un atavisme d'effroi presque insurmontable, même aux natures les mieux trempées, nous la verrions ce qu'elle est réellement : l'usure finale d'un vêtement de chair qui, en se désagrégeant, délivre l'âme d'un poids pénible et lui permet de s'élever vers une région plus haute, plus lumineuse, plus libre où elle se reposera du travail de la vie humaine jusqu'à ce qu'elle le reprenne pour achever le développement de ses capacités et arriver à la pureté qu'exigent les sphères nirvaniques qu'elle doit atteindre. Et dès lors, pourquoi cette peur de la mort, ces hantises de l'enfer? C'est le voyageur qui sait où il va et n'éprouve d'autre tristesse que de se séparer momentanément de ceux qu'il aime. C'est une opération de la nature aussi simple que celle de la naissance : « *Homme, ne crains rien* », dit Victor Hugo, « *La nature sait le grand secret et sourit* ». Les poètes ont l'instinct de ces choses mystérieuses, on peut les en croire.

Tous ceux qui ont possédé leur âme dans la miséricorde et la paix ont dit à la dernière heure qu'il est facile et doux de mourir. Ce qui est troublant, ce sont les morts prématurées, causées par la peur, par la violence, par les passions humaines, par les chocs angoissants. Ici la théosophie se croit le pouvoir d'aider beaucoup l'humanité en l'attirant à un état d'âme qui éloigne ces causes de morts accidentelles. Quand elle sera parvenue, par ses théories, à détruire la guerre, la haine, la misère, la luxure, l'alcoolisme, la mort ne devancera plus son heure normale, elle sera « le soir d'un beau jour » et ouvrira des horizons de renouveau printanier au vieillard épuisé qui s'endormira sans crainte dans ses bras.

L'étude des plans astral, causal, mental d'après le système théosophique, est d'un intérêt qui suffit à expliquer l'ardente curiosité que signale avec inquiétude le Père de Grandmaison. C'est ici surtout où son article pèche par l'absence de bonne foi dans la critique, car il sait bien qu'il présente la question sous un jour complètement faux pour pouvoir la teinter d'enfantillage, de ridicule ou de spiritisme.

Ce que l'on entend par le mot « occultisme », dans le langage théosophique, c'est la faculté, en développement chez les théosophes avancés, d'abandonner leur corps physique momentanément, pour chercher sur le plan astral les manifestations qui offrent de l'intérêt à leurs études, ou pour aider les âmes désincarnées qui, par suite d'une existence trop matérielle ou trop frivole, s'éveillent avec peine du sommeil de la mort et cherchent anxieusement à se ressaisir et à se rendre compte de l'état nouveau dans lequel elles se trouvent. Considéré sous ce dernier point de vue, le plan astral correspond très exactement au purgatoire catholique.

« Le plan astral, dit le glossaire, forme un ordre de
« matière plus élevé que celui que nos sens actuels per-
« çoivent, et voisin de lui, de sorte que ses vibrations
« n'affectent pas nos sens. Cependant les sens plus raf-
« finés qui attendent le moment de se développer en
« chacun de nous, peuvent, comme dans la clair-
« voyance, apercevoir la matière astrale. Le mot astral
« se dit de toute matière trop subtile pour être perçue
« par nos organes actuels. Quant au corps astral, il est
« la contre-partie du corps physique, son double, formé
« de matière astrale. Il est lié au corps physique pen-
« dant la vie et se désagrège de lui à la mort ».

Cette matière astrale double toutes les choses créées, elle environne les mondes aussi bien que les individus. Elle ne survit pas longtemps au corps physique, c'est elle qui, reproduisant sa configuration — comme l'ombre — est parfois visible à l'œil humain dans certaines conditions de lumière, de température, de tranquillité morale et atmosphérique, et donne l'illusion des apparitions surnaturelles. Il faut bien comprendre que le corps astral ou « double éthérique » n'est qu'un second vêtement de l'âme moins matériel que le corps physique, mais également transitoire, et qu'il ne constitue pas du tout l'âme elle-même. Il faut que l'âme soit aussi dégagée de son corps astral que de son corps physique pour pénétrer dans la région purement spirituelle du Devakan, ou Ciel, et ceci n'appartient ici-bas qu'aux âmes d'une pureté surhumaine.

Saint Paul, parlant de lui, dit, dans sa deuxième épître aux Corenthiens :

« Je sais un homme en Jésus-Christ, qui, il y a quatorze ans, fut ravi (si ce fut dans son corps ou hors de son corps, je ne sais, Dieu le sait) jusqu'au troisième ciel. Et je sais que cet homme (si ce fut dans son corps ou hors de son corps, je ne sais, Dieu le sait) fut ravi dans le paradis et entendit des paroles mystérieuses qu'il n'est pas permis à un homme de dire » (1).

Il n'y a pas d'autre voie pour arriver à ce ravissement qu'une indiscutable sainteté. La théosophie n'enseigne aucun autre moyen, et chacun sait que celui-là n'est ni rapide, ni facile, ni du goût de la multitude.

____

(1) Ep. aux Corinthiens, II, Chap. XII.

L'adorable Maître Jésus a dit : « Si vous voulez être parfait, renoncez-vous, vous-même, portez votre croix et suivez-moi ». C'est toujours la même méthode. Saint Jean à Pathmos, saint François d'Assise, sainte Thérèse, sainte Catherine de Sienne, l'ont suivie et ont été initiés aux mêmes visions béatifiques ; des marabouts mahométants, des Brahmines de l'Inde, des saints de toutes les religions ont participé à ce résultat de la pure spiritualité, car il n'y a point là de questions d'Églises ou de doctrines, il y a un fait de métaphysique obtenu par les âmes dématérialisées à un degré suffisant. Tout comme un bloc de glace passe de l'état solide à l'état liquide, gazeux et éthérique par des degrés successifs de chaleur. C'est une loi qui ne connaît pas d'exception, ni de cultes, car le Dieu de la nature se rit des prétentions orgueilleuses des sectes.

Au-dessous de ce phénomène de haute spiritualité, il y a des investigations pleines d'intérêt sur le plan astral ; on y peut lire, dans sa lumière, tous les faits humains enregistrés par l'essence même du principe photographique, facile à admettre, sinon à contrôler, et qui explique les prophéties de l'avenir et les révélations d'anciens faits inconnus, si contestés par les ignorants. Pour ces investigations supra-terrestres, la sainteté n'est pas de rigueur, mais encore faut-il l'entraînement de la Raja-Yoga, c'est-à-dire la possibilité de dominer la matière par l'esprit ce qui ne s'acquiert que par le régime physique des ascètes d'Occident ou des Yogui d'Orient.

Sans plus de développement sur un sujet qui ne peut tenir en quelques lignes, j'en viens aux phénomènes de troisième ordre dont on se fait une arme tranchante contre madame Blavatsky; la fondatrice de la Société Théosophique moderne.

La vision astrale est plus ou moins favorisée par le tempérament physique de l'étudiant théosophe. Beaucoup — et des plus appréciés — y sont complètement réfractaires, d'autres la saisissent du premier coup, ou même, la possèdent déjà avant de venir en régulariser les effets sous le contrôle théosophique. Mme Blavatsky était par nature un remarquable médium. Elle ne songeait guère à se faire de ce don — plutôt gênant — un titre de sainteté, mais il intervenait à tort et à travers dans les moindres incidents de sa vie, et ses ennemis dont elle ne sut jamais se méfier, s'en servirent habilement contre elle. Naturellement, le Père de Grandmaison ne s'en fait pas faute, et sans tenir compte des explications si claires, si loyales de M. Sinnett témoin des faits incriminés et auteur du livre *Le Monde occulte* cité par le jésuite lui-même, il préfère donner créance aux racontars, cent fois réduits à néant, de deux concurrents évincés. Et voyez l'esprit de contradiction du révérend : il reproche à Mme Blavatsky, dont l'originalité native et la gaminerie maligne avaient persisté sous les cheveux blancs, d'avoir fait des tours de médium, et à Mme Besant dont l'impeccabilité en matière de jugement et de tact est soulignée par M. de Grandmaison lui-même, de n'en pas faire ! Qu'est-ce qu'il faut pour le contenter? C'est opposer le curé d'Ars au Père Lacordaire, ou Notre-Dame de Lourdes à Notre-Dame de Paris. Qui est l'un ne peut être l'autre, et l'un et l'autre usent de leurs moyens respectifs.

Au fond, ce débat n'a pas la moindre importance, puisqu'il s'attaque aux personnes, et prouve seulement le dépit que l'on ressent de la force des doctrines théosophiques et de leurs succès.

III

Et maintenant « quel jugement doit-on porter sur les théosophes ? » demande M. de Grandmaison.

Le sien n'est pas douteux. Il les juge dangereux, et aux beaux jours des lettres de cachet, sous le vertueux Louis XV, il les aurait envoyés à la Bastille faire leurs expériences astrales, et communiquer avec les Maîtres comme les apôtres communiquaient avec le Christ ressuscité dans la clôture du Cénacle.

Mais dans l'ère de liberté où nous vivons il faut les supporter, et c'est dur pour les collaborateurs du Syllabus.

Le théosophe est l'adversaire inconscient du jésuite, comme le jour est l'adversaire de la nuit, et la vérité de l'erreur. Le jésuite est ce que l'on appelle en théosophie « un frère de l'ombre » car l'esprit de charité fraternelle y est si complet et ramène tellement tous les hommes à l'unité, qu'il n'y a point d'êtres dans la nature depuis ceux qui sont arrivés au sommet de la perfection jusqu'à ceux qui rampent aux plus bas échelons, qu'on ne doive aimer et aider, fussent-ils nos adversaires les plus tenaces.

Le théosophe cherche Dieu tel qu'*Il est*, il ne crée pas un Dieu selon ses idées personnelles, et son intérêt humain. Il cherche de toutes ses forces intelligentes à hausser son esprit jusqu'au lointain et fragile pressentiment de ce que doit être Celui qui a créé les mondes, et sachant bien son impuissance misérable, il s'attache avec ardeur, avec un dévouement absolu, aux grands Êtres intermédiaires entre l'infini et lui, ver de terre. Les Maîtres, c'est-à-dire les instructeurs de l'humanité, les créatures qu'un travail gigantesque dans des incarnations sublimes, ont amené à être les phares de l'humanité, et à la diriger dans sa marche hésitante et obscure vers ce centre de vie infuse qui est Dieu, les Maîtres : Krishna, Osiris, Vishnou, Moïse, Platon, Mahomet, Jésus, brillent dans la brume des temps, dans l'éloignement des contrées, comme des figures lumineuses qui se penchent avec tendresse sur la pauvre humanité errante et souffrante pour l'aider, la consoler et l'entraîner. Vrais fils de Dieu par la lumière qui les inonde, vrais frères des hommes par les douleurs qu'ils ont subies, ils attirent nos cœurs par d'indicibles sympathies. Les connaître, c'est les aimer, les aimer c'est les suivre.

Ils sont unis entre eux comme les rayons d'un même foyer. Les uns rayonnent au nord, les autres au midi, les uns à l'est, les autres à l'ouest. Décrier l'un pour exalter l'autre est insensé, et le cas le plus évident d'ineptie religieuse. Tous enseignent l'adoration de l'Être Un, la fraternité des créatures, la recherche de la vie éternelle et ils enseignent la vérité selon le développement moral des races dont ils sont respectivement chargés, et dont leur forme humaine, transitoire et charnelle, fut la plus pure sélection.

Pour nous, chrétiens, Jésus, est le Maître divin, notre voie, notre vérité, notre vie (1). Il est le Christ, c'est-à-dire l'*Oint*, le choisi, le type que nous devons reproduire en nous. Saint Paul l'explique tout au long avec une clarté merveilleuse dans ses Epîtres, et surtout avec une largeur d'esprit que l'Eglise a complètement oubliée.

Nous naissons à la vie spirituelle dans l'ignorance, la faiblesse, l'impuissance, comme le Christ dans sa crèche :

« Aussi, dit saint Paul aux premiers chrétiens, je n'ai
« pu vous parler comme à des hommes spirituels, mais
« comme à des hommes charnels, comme à de petits
« enfants en Jésus-Christ.

« Je vous ai abreuvés de lait, mais je ne vous ai point
« donné à manger parce que vous ne le pouviez pas
« encore, et à présent même, vous ne le pouvez point
« parce que vous êtes encore charnels.

(1) Que peut-on trouver de plus théosophique que ces paroles du Maître Jésus au pharisien Nicodème :
« Il (Nicodème) vint à lui pendant la nuit :
« — Rabbi, lui dit-il, nous savons que vous êtes venu de Dieu pour
« nous instruire comme un Maître, car nul ne pourrait faire les pro-
« diges que vous opérez si Dieu n'était avec vous.
« Jésus lui répondit :
« En vérité, en vérité, je te le déclare : personne ne peut voir le
« royaume de Dieu à moins d'être né de nouveau.
« — Comment donc un homme peut-il naître lorsqu'il est vieux ?
« demanda Nicodème, peut-il retourner dans le sein de sa mère et
« naître une seconde fois ?
« — En vérité, en vérité, je te le dis, reprit Jésus, à moins de renaî-
« tre de l'eau et de l'esprit personne ne peut entrer dans le royaume
« de Dieu. Ce qui est né de la chair est chair. Ce qui est né de l'esprit
« est esprit. Ne sois donc pas surpris que je t'aie dit :
« Il faut que vous naissiez de nouveau. Le vent souffle où il veut.
« Tu entends sa voix, mais tu ne sais d'où il vient ni où il va Ainsi en
« est-il de tout homme qui est né de l'esprit.
(St Jean, III).

« Car, puisqu'il y a parmi vous jalousie et esprit de
« contention, n'êtes-vous pas charnels ? ne marchez
« vous pas selon l'homme !

« En effet puisque l'un dit : Moi je suis à Paul ; et
« un autre dit : Moi à Apollo. N'êtes-vous pas des
« hommes ? Qu'est donc Apollo ? Qu'est donc Paul ?
« Des ministres de celui en qui vous avez cru, et chacun
« l'est selon le don que Dieu lui a départi. Moi, j'ai
« planté, Apollo a arrosé, mais Dieu a donné la crois-
« sance......

« Que personne donc ne se glorifie dans les hommes
« car tout est à vous : soit Paul, soit Apollo, soit Céphas,
« soit vie, soit mort, soit choses présentes, soit choses
« futures, oui tout est à vous ; mais vous au Christ, et
« le Christ à Dieu.

« ...Jusqu'à ce que nous parvenions tous à l'unité de
« la foi et de la connaissance du fils de Dieu, à l'état
« d'un homme parfait, à la mesure de l'âge de la pléni-
« tude du Christ.

« Afin que nous ne soyons plus comme de petits
« enfants qui flottent, ni emportés çà et là à tout vent
« de doctrine, par la méchanceté des hommes, par
« l'astuce qui entraîne dans le piège de l'erreur.

« Mais que pratiquant la *vérité* dans la *charité*, nous
« croissions en toutes choses dans celui qui est le chef :
« le Christ ».

Mme Besant dit aux théosophes, ses frères :

« ...Avant de passer par le portail, l'homme doit
avoir retrouvé l'innocence qu'il a perdue et il doit se
séparer de tout ce qu'il possède avant d'entrer dans la

large vie commune et d'atteindre la connaissance qui seule est la vie éternelle.

« ...Il reste beaucoup à faire, beaucoup de fatigues à surmonter, de souffrances à endurer, beaucoup de combats à livrer avant que le Christ, né avec la faiblesse d'un enfant, puisse s'élever à la majesté du Christ triomphant. Il faut auparavant que l'âme passe par sa jeunesse et sa virilité; il y a la vie de travail parmi ses frères, l'agonie solitaire de la passion, la croix sur laquelle il doit être cloué et les ténèbres de la mort dans laquelle il doit descendre. Tels sont les stades marqués sur le sentier que doit fouler l'âme après avoir franchi le premier portail.

« ...L'âme doit apprendre la loi de la vie qui n'est plus attachée à la forme, car la loi de la croissance de la vie n'est pas de garder, mais de donner, elle n'est pas de retenir, mais de répandre, elle n'est pas de s'enfermer, mais de s'élargir de façon à embrasser ce qui est hors d'elle-même.

« ...Il lui semble au premier abord que toute sa vie va la quitter, que ses mains vont rester vides après avoir fait ce don; mais c'est seulement quand cette vie de la forme s'est abandonnée sans réserve, quand cette vie inférieure s'est définitivement offerte et perdue, que la vie qui fait vivre éternellement est trouvée, et ce qui paraît être la mort suprême de l'Être est son renouvellement sans fin » (1).

Et dans cette intense vie intérieure qui du Christ déborde incessamment dans les âmes qui se sont iden-

(1) Conférence d'Annie Besant, Londres : Le Christ.

tifiées à lui, où trouver la place énorme réclamée, non seulement pour les lois de l'Eglise, mais pour toutes les pratiques et préjugés dévots qui s'entassent siècle par siècle dans l'âme du malheureux catholique qui n'est pas assez fort pour s'en libérer ?

Le Maître Jésus disparaît derrière l'Eglise qui accapare tout. Il est impossible au lecteur assidu de l'Evangile et des Epîtres de saint Paul de comprendre comment on a pu faire sortir des paroles du Maître et de l'Apôtre la création de ce pouvoir législatif, administratif et clérical qu'est l'Eglise, alors qu'il n'y a pas dans le livre divin un mot qui, en principe, ne le condamne. Toute l'histoire de l'Eglise est en opposition flagrante avec les paroles du Christ et plus encore avec son esprit. Autant le Maître était libéral et démocrate, autant l'Eglise s'est montrée à toutes les époques autoritaire et aristocrate. Autant, dans son libéralisme éclairé, le Maître se montrait tacitement soumis à l'Etat et indifférent aux événements politiques, autant l'Eglise a été, par son clergé en querelle avec tous les pouvoirs pour tous les genres d'intérêts humains. Les anathèmes contre l'exagération des richesses, contre l'ambition, contre les grandeurs retentissent d'un bout à l'autre de l'Evangile.

L'Eglise ne s'est alimentée que de richesses temporelles, d'ambitions terrestres, de pompes somptueuses. Jamais les papes n'ont été accessibles aux petits et aux pauvres. Le Pape — qu'il le veuille ou non — est une sorte d'idole qu'on montre de loin aux foules, mais dont elles n'approchent pas.

Relisons cette scène ravissante de l'Evangile d'après saint Luc, ch. V.

« Or, il arriva que lorsque la foule se précipitait sur « lui (Jésus) pour entendre la parole de Dieu Il se « tenait lui-même auprès du lac de Genésareth.

« Il vit deux barques qui étaient sur le bord du « lac et les pêcheurs étaient descendus et lavaient leurs « filets.

« Montant dans une de ces barques qui étaient à « Simon, il le pria de s'éloigner *un peu* de la terre ; or, « s'étant assis il enseignait le peuple de dessus la « barque.

« Lorsqu'il eut fini, il dit à Simon : Avance en mer « et jetez vos filets pour pêcher.

« Mais Simon, répondant, lui dit : Maître, nous avons « travaillé toute la nuit, sans rien prendre, mais sur « votre parole je jetterai le filet ».

« Et quand ils l'eurent fait, il prirent une si grande « quantité de poissons que leurs filets se rompaient.

« Et ils firent signe à leurs compagnons qui étaient « dans l'autre barque de venir les aider.

« Ils vinrent donc, et ils remplirent les deux barques « au point qu'elles étaient près de couler à fond.

« Ce que voyant, Simon tomba aux pieds de Jésus, lui « disant : Retirez-vous de moi, Seigneur, parce que je « suis un homme pécheur.

« Car il était plongé dans la stupeur et pareillement « Jacques et Jean, fils de Zébédée qui étaient compa-« gnons de Simon.

« Et Jésus dit à Simon : Ne crains rien, désormais ce « seront des hommes que tu prendras.

« Et les barques ramenées à terre, ils laissèrent tout
« et le suivirent ».

Voilà la vision idéale de l'Eglise dans la pensée du
Christ, en tant que ce nom qui ne sortit jamais de ses
lèvres et qui signifie simplement « Assemblée des
fidèles » prît une forme tangible pour lui, ce qui est con-
testable.

Le Maître appelle Simon le chef futur de l'humble
société chrétienne et lui fait une première recommand-
dation celle de « s'éloigner un peu de la terre ». Hélas !
fut-elle suivie dans la chaîne des siècles ?

Et il parla à la foule, le Maître, et il répandit dans
ces âmes avides de vérité, la joie exquise de l'avoir
entrevue en l'écoutant, et ce bonheur de ceux qui rece-
vaient la lumière, se communiquant à Celui qui la don-
nait, Jésus éprouva le besoin de manifester joyeusement
par un symbole matériel, ce qui venait de se passer mys-
tiquement dans les âmes ; alors il dit à Simon « jette tes
filets » et les filets se remplirent jusqu'à se rompre.

Ainsi les porteurs de la « bonne parole » devaient-
ils attirer les âmes à l'exemple du Maître. Mais : *en
s'éloignant un peu de la terre et en enseignant au peuple la parole de vérité* et il n'y avait point que la barque
de Simon pour recueillir la pêche, les autres y étaient
également conviées. C'est cela qu'ils oublièrent, et
l'humanité, toujours disposé à suivre ce qui rend un son
juste à son oreille, ne se dirige plus vers eux, elle va
vers la science.

Il est intéressant d'observer que le mouvement si
accentué, actuellement, vers la liberté de conscience,
coïncide avec la reprise de la lecture de l'Evangile par

les simples fidèles. On peut dire que jusqu'à il y a une dizaine d'années, l'Evangile était oublié, on l'avait remisé par petites tranches entre l'Epître et le Credo, dans l'office du dimanche, où l'on était censé devoir le lire, et personne ne s'y arrêtait ; les prédicateurs parlaient d'une foule de dogmes, d'une quantité de vertus, d'un grand nombre de pratiques de dévotion, mais de l'Evangile, jamais. Pas un conférencier, illustre ou inconnu, ne s'avisa de le présenter aux auditoires de N.-Dame, ou de toute autre grande chaire française. Les jésuites recommandaient avec instance la lecture du « Combat spirituel » ou du « Pensez-y bien » et si l'on cherchait à s'élever au-dessus de ces vulgarités dévotes, ils vous saturaient des « Exercices spirituels » de l'Ignace qui amenaient une courbature générale de toutes les facultés et vous soumettait, brisé, à la volonté d'un directeur plus ou moins éclairé. Lorsque quelques prêtres hardis commencèrent dans les églises de Paris, à commenter l'Evangile dans leurs prônes du dimanche, on s'étonna, on allait s'enthousiasmer quand, bien vite, les prédicateurs s'aperçurent qu'ils se heurtaient à la doctrine de l'Eglise. On se trouve actuellement dans cette impasse, on voudrait bien refermer le livre, mais le public y a pris goût et il semble d'humeur à le commenter lui-même pensant avec Tolstoï que si Dieu a voulu parler aux hommes, c'est bien le moins qu'il l'ait fait d'une manière compréhensible et qui tombe sous le sens de chacun d'eux.

Les théosophes sont de cet avis, c'est pourquoi ils exhortent les âmes à étudier et à penser, à développer leur conscience individuelle et à se diriger enfin avec le mot qu'un être mystérieux répéta, dit-on, trois fois à saint Augustin sans autre explication : « Prenez et lisez ».

Le théosophe en s'élevant au-dessus de la loi pour jouir de la liberté des enfants de Dieu, échappe au clergé et voilà pourquoi il devra se passer éternellement de l'approbation des jésuites. Que lui importe qu'on ferme les Eglises ? son sanctuaire est en lui, que lui importe qu'on retranche Dieu de l'instruction obligatoire donnée à ses enfants, c'est lui-même qui se charge jalousement d'éveiller dans leur âme la première idée divine, il n'en laisse le soin à personne. Le culte extérieur ne le touche que comme une manifestation puérile de sa foi, tel un bouquet représente l'affection de celui qui l'offre ; il n'y aurait pas de bouquet que l'affection n'en serait ni plus ni moins vive. Il reconnaît la nécessité des religions pour la masse de l'humanité qui, privée d'elles, perdrait le sens de la direction éternelle dans la houle des intérêts de ce monde ; mais il déplore que les instructeurs catholiques aient faussé toute la doctrine du Maître au point de n'être plus reconnaissable. La charité même qui fut de tout temps la fleur la mieux épanouie du catholicisme, la charité s'en est allée expirer dans les œuvres politiques. Les partisans des jésuites leur donnent de telles sommes qu'il ne leur en reste plus pour empêcher ces navrants suicides des pauvres honteux (1) qu'on voit se produire tous les jours de plus en plus nombreux.

(1) Je ne puis m'empêcher de citer ici comme exemple de la puissance monétaire des jésuites (en dehors de leur fortune particulière),

Le pur et puissant mysticisme du Christ a fait place à un alliage « répugnant » (cette fois le mot du Père de Grandmaison me paraît à sa place) de superstition ignarde et de rosserie savante qui caractérise le parti religieux au xxe siècle. Pour tirer sur le gouvernement sans trop risquer son propre intérêt, on fait revivre la casuistique d'Escobar, tout moyen est bon aux cléricaux quand il s'agit de viser l'autorité rivale et de sauver le bien mal acquis. On les voit, la main gauche plongée dans tous les tripotages politiques et financiers présenter de la droite, le drapeau du Sacré-Cœur aux fidèles hypnotisés par des phrases sonores et patriotiques.

Les vertus, comme les individus et les nations, ont leur période de croissance, d'activité et de déclin, elles ne s'adaptent pas indistinctement à tous les temps.

ce petit fait, très anodin en apparence, qui s'est passé sous mes yeux : à une époque dont je ne me souviens plus exactement, une vieille amie à moi très pieuse, me dit : « Faites-moi le plaisir de vous inscrire sur une liste que m'envoie le P. Coubé pour une manifestation en l'honneur de Jeanne d'Arc, c'est très peu de chose : 1 fr. par personne. » Les œuvres du P. Coubé, pas plus que ses violentes prédications, ne me sont sympathiques, mais on ne refuse pas son nom et 1 fr. à une amie qui vous les demandent. Un an après, au moins, une enveloppe contenant 1 fr. en timbres-poste, se trouva dans mon courrier avec la carte de la marquise de X... et ces mots : « Le P. Coubé ayant dû renoncer à son œuvre, je vous renvoie votre souscription. » C'était honnête et je le constate hautement, mais mentalement je fis le calcul de ce qu'aurait pu produire le dixième des Français répondant comme moi à la demande du Jésuite : plus de 3 millions. C'est-à-dire de quoi envoyer 30 à 40 députés nationalistes à la Chambre, sans, je le répète, toucher aux deniers de la Compagnie uniquement sur le simple appel d'un de ses membres s'adressant à des femmes. Et nous assistons impuissants à des drames comme celui de cet ingénieur tuant sa femme, ses trois enfants et lui-même parce qu'il ne pouvait plus les nourrir !!!

La pauvreté, la chasteté, l'obéissance ont fait la gloire des saints du moyen âge bien qu'il en fût assez peu question, en somme, dans l'Evangile ; car le maître n'avait exigé de ses apôtres ni le vœu d'obéissance, ni le vœu de pauvreté, ni le vœu de chasteté. Il s'était contenté de les choisir dans la classe sociale où l'on ne possède point de richesses, mais aucun d'eux n'était pauvre dans le sens strict du mot, et tous, sauf Jean, étaient mariés, quant à leur obéissance, elle ne fut que le lien d'enthousiasme et de foi qui les attachait volontairement à Jésus.

Ce n'est donc pas dans l'Evangile — ce code aussi humain que divin — que l'Eglise a trouvé le célibat des prêtres et les vœux de pauvreté et d'obéissance. On sait assez quel parti elle a tiré de ces deux derniers. Pour le célibat des prêtres, il n'est plus à l'heure actuelle qu'une douloureuse concession faite aux préjugés des dévotes, à leur esprit jaloux et à leur ardent besoin de confessions amoureuses. Lorsqu'on sera délivré des jésuites, ces confesseurs à outrance, on arrivera peu à peu à faire comprendre aux femmes raisonnables que le célibat d'un homme n'a jamais influé sur sa discrétion professionnelle, qu'un médecin, un notaire, un avocat garde aussi bien un secret, et peut-être mieux, quand il est marié que quand il ne l'est pas, et qu'au point de vue féministe, qui intéresse celles d'entre nous obligées de se pousser seules dans la vie, on n'obtiendra jamais d'un gouvernement quelconque le droit électoral des femmes tant qu'elles seront les esclaves dociles d'un confesseur.

Il y a cinquante ans Proudhon avait dit avec un peu

d'emphase, mais avec un sens prophétique très sûr :
« Bientôt se lèvera pour ne se coucher qu'avec le dernier homme le soleil de la liberté ». Ce temps est arrivé. La vertu qui va grandir dans le siècle nouvellement né, c'est la noble et fière liberté produite par la conscience développée individuellement, cette liberté pleine de sève et d'initiative qui brise le moule, et marche droit à son but. L'obéissance peut être la force des armées, mais les armées sont destinées à disparaître quand la paix universelle les aura rendues inutiles sans froisser aucun intérêt social.

« *Rentre ton épée dans le fourreau* » dit Jésus à Pierre, c'est une condamnation évangélique formelle dont les jésuites n'ont jamais eu nul souci.

Enfin pour me résumer et porter sur les théosophes le jugement que réclame M. de Grandmaison, je dirai qu'ils réalisent les quatre conditions exigées en Chine pour devenir d'abord philosophe : pas d'amour-propre, pas de préjugés, pas d'obstination et pas d'égoïsme ; et qu'ils ajoutent à cet état d'esprit la haute déclaration de saint Paul :

« Nous repoussons de nous les passions honteuses
« qui se cachent, ne marchant point dans l'artifice, et
« n'altérant point la parole de Dieu, mais nous recom-
« mandant par la manifestation de la vérité à toute
« conscience d'homme devant Dieu que si notre évan-
« gile aussi est voilé, c'est pour ceux qui périssent, pour
« les infidèles dont le Dieu de ce siècle a aveuglé l'es-
« prit, afin que ne brille pas pour eux la lumière de
« l'évangile qui est l'image de Dieu.

« Pour nous, nous ne considérons point les choses

« qui se voient; mais celles qui ne se voient pas, car les
« choses qui se voient sont passagères, mais celles qui
« ne se voient pas sont éternelles » (1).
Voilà les théosophes.

(1) L'Ep. de Saint Paul aux Corinthiens, IV.

M.-A. DE F.

Août 1905.

LAVAL. — IMPRIMERIE L. BARNÉOUD ET Cⁱᵉ.

REVEL (L.). **L'Evolution de la Vie et de la conscience du règne minéral aux règnes humain et surhumain.** Paris, L. Bodin, éditeur, 1905. Un fort vol. in-12 broché. 3 fr. 50

Les conceptions biblique, chrétienne et philosophique. L'énergie universelle. La vie suivant les physiologistes. Physiologie moléculaire et atomique. L'atome tourbillon d'énergie divine. La vie nirvânique. Tradition de la vie d'après les doctrines philosophico-religieuses d'Orient et d'Occident. Le Dualisme. La Vie d'après les doctrines des Saint-Simoniens et de quelques philosophes humanitaires. Conceptions théosophiques sur la vie. L'évolution physique humaine. Les monades de Leibnitz, des jivas des Hindous et les monades de la théosophie. L'évolution de la conscience d'après la psychologie théosophique. L'unité de conscience. L'immortalité conditionnelle et l'âme. Le Panthéisme, etc.

REVEL (L.). **Les Mystiques devant la science,** ou essai sur le Mysticisme universel. Paris, L. Bodin, éditeur. Un vol. in-12 broché. 2 fr.

Investigations scientifiques dans le mysticisme. Les mystiques devant les philosophes modernes, les philosophes éclectiques et les théologiens. Relations entre le mysticisme catholique, l'Ecole d'Alexandrie et la tradition ésotérique de l'antiquité. Mysticisme musulman et hindou. Fond permanent des croyances mystiques. Unité, la Réincarnation, la Délocation, la morale mystique. Débris de la tradition. Mystères gnostiques. Mystères des Bardes gallois. Credo ésotérique, etc.

ENGEL (L.). **La Vallée des Bienheureux** ou **Le Sentier de la Vérité.** Traduit de l'allemand par Gaston Revel. Paris, L. Bodin, éditeur. Un vol. in-12 broché. 1 fr.

Petit livre recommandé à tous ceux qui sont avides de progrès et recherchent la Vérité. Toutes les brûlantes questions de notre époque y sont exposées et critiquées par une sorte d'Initié, qui a vu les Maîtres de Sagesse : il vient apporter au monde une philosophie antique et lumineuse en indiquant, dans un récit des plus suggestifs et des plus instructifs, le Sentier que chacun peut suivre pour devenir un véritable occultiste et un habitant de la Vallée des Bienheureux.

R. A. M. **Résumé de la philosophie naturelle.** Paris, L. Bodin, éditeur. Un vol. in-12, (tableaux et figures). 1 fr.

La base de la connaissance. Définition des substances. Résumé symbolique. La recherche du bonheur. Les quatre classes de l'amour. Tableau des sentiments. Accroissement de la volonté. La Voie de la Sagesse. L'Escalier occulte. Constitution de l'homme. La grandeur de l'esprit humain. La prière, etc.

BENNETT (Edw. T.). **La société Anglo-Américaine pour les recherches psychiques.** Son origine, ses progrès. Aperçu de son œuvre, traduction et introduction de M. Sage. Paris, 1905, un vol. in-12, br. (figures). 1 fr. 50

Urgente nécessité en France d'une société de recherches psychiques. — Transfert de pensée ou télépathie. — Suggestion, hypnotisme, psychothérapie. — Le Moi subliminal. — Les apparitions et la hantise. — Preuves de l'existence d'intelligences autres que celles des « hommes vivants » et de la réalité d'une intercommunication. — etc.

REMOND (L.). **Douze cent mille ans d'Humanité et l'âge de la Terre,** expliquant l'évolution périodique des climats, des glaciers, et des cours d'eau par la variation continue de l'inclinaison de l'Axe. 2e édition augmentée d'un supplément contenant la discussion occasionnée par cet ouvrage, et l'application raisonnée d'une énigme astronomique aussi importante que curieuse, posée à Hérodote par les astronomes égyptiens. Un vol. in-12 et supplément. 3 fr. 50

Cet ouvrage est la solution claire et précise d'un grand problème scientifique posé depuis un siècle et devant lequel les savants les plus distingués ont été obligés de reculer. Les extensions glaciaires et celles des grands cours d'eau ne sont pas des accidents, mais des oscillations périodiques, et ces oscillations sont produites par la variation continue de l'inclinaison de l'axe terrestre.

BESANT (A.). Le Christianisme Esotérique ou les Mystères mineurs, in-8. 4 fr.

— Introduction à la Théosophie, in-12. 0 40
— La Mort et l'Au-delà, in-12. 1 50
— Karma, in-12. 1
— L'Homme et ses corps, in-12. 1 50
— La Doctrine du Cœur, in-12. 1 50
— L'Evolution de la Vie et de la Forme, in-12. 2 50
— La Sagesse antique, 2 vol. in-12. 5

BLAVATSKY. La Clef de la Théosophie, in-12. 3 50
LEADBEATER. L'homme visible et invisible, in-8, fig. color. 7 50
SINNETT, Le Bouddhisme Esotérique, in-12. 3 50
— Le monde Occulte, un vol. in-12. 3
OLCOTT. Le Bouddhisme selon le canon de l'Eglise du Sud, in-12. 1 50

LAVAL. — IMPRIMERIE L. BARNÉOUD ET Cie

www.ingramcontent.com/pod-product-compliance
Lightning Source LLC
Chambersburg PA
CBHW061244050726
47594CB00004B/1353